Ziggy and Tray Go to the Library
ages 5-12

By: Amy Baldwin

welcome
to

"Ziggy and Tray Go To the Library"

Get ready to embark on an exciting journey filled with fun and adventure! This activity book is inspired by the heartwarming story of Ziggy and Tray's trip to the library, where they discover the wonders of reading, imagination, and friendship.

Inside these pages, you'll find a variety of engaging activities designed to entertain and educate young readers. From challenging word searches and crossword puzzles to creative coloring and drawing exercises, there's something here for everyone to enjoy.

Join Ziggy and Tray as they explore the library, meet new friends, and dive into the captivating world of books. Whether you're a seasoned puzzle enthusiast or just starting your reading journey, this book is sure to spark your imagination and inspire hours of fun and learning.

So grab your pencils, crayons, and thinking caps, and let's begin the adventure together!

This Book Belongs to:

Coloring Fun !

Color the picture.

Coloring Fun !

Color the picture.

Coloring Fun !

Color the picture.

Coloring Fun !

Color the picture.

Coloring Fun !

Color the picture.

Word Search

Find the words provided in the word search.

```
F H Y L U C K Z J D J K G Y J O Y X L I
K G P B J D M Q U F S Y S Q G J I C R L
H G Z X O E K I T A A W J I W E O O H T
L N O B G Q D C G Q T H K R A K P U J J
H C Z R H D O K X J U I W Q D O U S T D
U D Y B M C D F V G R S K E Z C D I A I
F A S U Y N K L C U D P C P T X D N Y X
K D L K B R V T E T A E E S L L L R N L
Q V X O U E F W B E Y R R K V X E M I L
Y E F R J X A X B L O E E G V Z S Z H W
L N O C I C R U E E Z D A T C L D N O H
I T K B M V C M T B G E L L E K K Y A C
B U W V T I J A J I T W X F R C G H G P
R R I G P S H O R O F X N K A I Y H A K
A E N N K T U A U T Y U I C Z I E T Z E
R E Y V V S W Q F J O L L D V B V H C V
Y Z C S F M O K E V V O I J Y M K U E B
D G G G B U B G X S U U N I O C M G H O
A T A Q F M Q B E V O Z D S O N X L M P
C E B U Q F C D A T F K Q N U L M Q U T
```

Word Bank

ADVENTURE	CEREAL	BEAUTIFUL
LIBRARY	CARTOONS	PUDDLES
SATURDAY	COUSIN	WHISPERED

Word Search

Find the words provided in the word search.

```
W V P U U F E X V H E P F N R J L J P M
D A S H E D F V H C S H N A Y R Y Y O H
W X U W Y N L Z O E F N G J W D T B M K
B M Z S N E C T K H I W P F F S C K O I
U N G O M K U T U G T G Y Z L N X J Y B
A D U M F M S K Q T N Z I M I D I F M J
U G L O G Z Z J U M P E D S L G G H P H
C G A V Y M O O N O H T A D C P G S O O
I D Z L N Y W K D T O W N K D R Q Y X Y
H O P E O P X Z R Y T A J V N O I E B A
M K Y L E M J I V C A S K E D M N L V G
Y S E J D A R T E D W T X S I I D L Z D
H L M P U O D S K Z P T U N U S I R F K
N S C P L V R W Y W T Q Q W O E D N Y W
T H O U G H T P X T A M U X U D I N P A
Q U V E R I E S W Z D Q C X X L W F W R
A T V J N I N E W B R P B Z F R E B Y A
C O J S G U G R K D K I F C R I E D G N
V F H C N T C B U C A P O K Q C W G T Y
L G H Z T Y D I F L K V V H D O T Z I S
```

Word Bank

JUMPED	ASKED	CRIED
DASHED	RAN	PROMISED
THOUGHT	DARTED	ZIGGY

Word Search

Find the words provided in the word search.

```
A X Q R I C I E Q W S W K B B U S D X G
N V Z J R J B Y V M L H M E N X U N S A
B C L T C E H C V E Z Q A O C Q R C D I
X Z N G E J R R L O G I R L S K P Z N B
R D K F O J L K B V W W X E D J R V F L
H K D J R P I D C S C W O W Y W P Z O A
D Z Z Y Y D R F T U P U D G G C M Q J J
L I X C N H Y S G N O G P N J R D U O F
S M A O N Z C A R S X Y I O I Z Y E C J
M A D V E N T U R E J X N T J G D R U K
G X X D X U B O P C N T D P Q U E I E K
W K L F M F V B A P N Z D Z U N B A L L
A G L H O T L F J O M H J H S Y W C T M
J N D K Y T D M Q R Q B K X C D Y A N T
A T G T G F D D E C P T H F Y O N V E Y
W L S D J P G P P H S S B H F Z U P X D
Y G S D C M O R N I N G M I L V F C K T
M T P X D G X M Y Z C N X J M E O H H E
F C W Y N W X E I L O D N O S K I C M C
F M H V I I W W R D R B L A F U U D W E
```

Word Bank

TRAY	EXCITED	LAUGHING
MIMI	MYSTERY	YELLED
MOMMY	SPORTS	SHOUTED

Word Search

Find the words provided in the word search.

```
E F X Q I K P K R O Y E R H H Z K Z E T
N J K E R J M K K O R Z A W U V C H Y D
J T S S T K G D Y G X P F U H U D W K F
O S B O O K S Z W Y G E X U S T C I G Q
Y J D B J J W P Y A P U R O L N L W A A
I M D U L F H L Z V L I G F Z K Z C Q C
N C M Y C A D A L A U G H E D Q Z S M Q
G K B Z F Y R C U Q V N L W W M S B V J
K I C O M N R E V Q H L I B R A R I A N
X O R M M O U S K C V J L D N H K Y E G
F C Z C V Y B E A U T I F U L K J T A F
R E E H W I I Y H D H Y D D F V A Y J T
B Z V G T P S A N Q R G N F W A V D D Y
V A F R N Q H I H Q E A P Z D T A S H L
M A T I R E U C T K A W U V K N T Z Q W
B Z B U R A J G I Z D E O T S U L S E L
M C R T Y E U O J Q I V W X H F N M D K
N D M P H E A C K Z N W T K H L N G K K
C H K I V H L D O P G B I I C Z J O H H
A G D K R U U Y Y E M K Y Z H S I L I P
```

Word Bank

BOOKS	READY	LAUGHED
READING	PLACES	ENJOYING
LIBRARIAN	VISIT	BEAUTIFUL

Crossword Puzzle !

Fill in the missing words to solve the crossword puzzle.

Across

3. Tray's emotion when reading books at home.
4. Ziggy's reaction upon entering the library.
5. Tray's feeling before going outside to play.

Down

1. Ziggy and Tray's mood when promised to visit the library every Saturday.
2. Ziggy and Tray's feeling about their adventure.

Crossword Puzzle !

Fill in the missing words to solve the crossword puzzle.

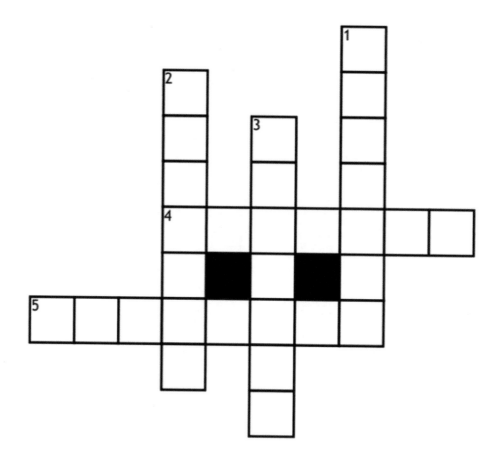

Across

4. Ziggy and Tray's activity outside with the ball.

5. Ziggy and Tray's action on the porch while deciding where to go.

Down

1. Tray's activity when going to her mom's room in the morning.

2. Tray's action on the bed to wake her mom up.

3. Ziggy and Tray's activity inside the library.

Crossword Puzzle !

Fill in the missing words to solve the crossword puzzle.

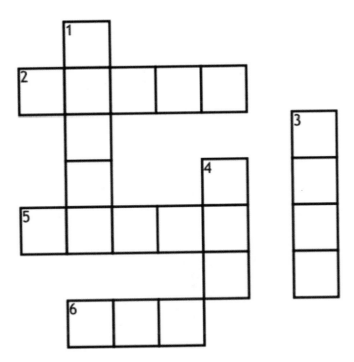

Across

2. Object Ziggy and Tray found themselves lost in at the library.

5. Device used to call Ziggy in the morning.

6. Mode of transportation to the library.

Down

1. Where Tray sat while watching cartoons.

3. Object Ziggy wanted to play with outside.

4. Where Tray jumped to wake her mom up.

Crossword Puzzle !

Fill in the missing words to solve the crossword puzzle.

Across

2. Tray's cousin and best friend is.

3. Ziggy's relation to Tray.

4. Tray's nickname for her grandmother.

Down

1. Name of the Library's librarian.

Crossword Puzzle !

Fill in the missing words to solve the crossword puzzle.

Across

3. Tray's favorite place to sit and think.

4. Where Ziggy and Tray found themselves lost in books.

Down

1. Where Ziggy and Tray spent their Saturday morning.

2. Ziggy and Tray went to ask for an adventure with their...

Drawing fun !

Draw the missing half to complete the picture.

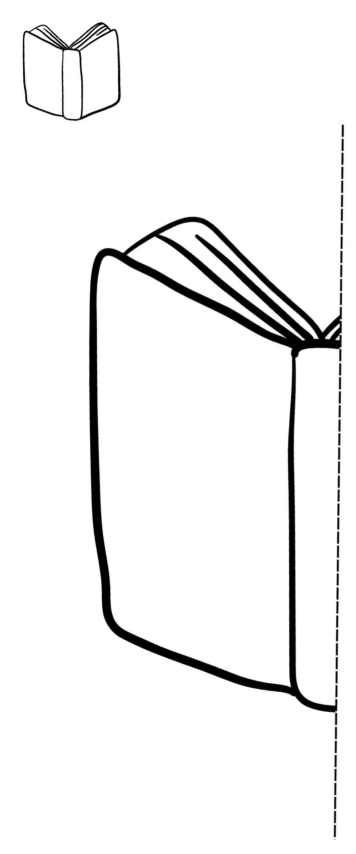

Drawing fun !

Draw the missing half to complete the picture.

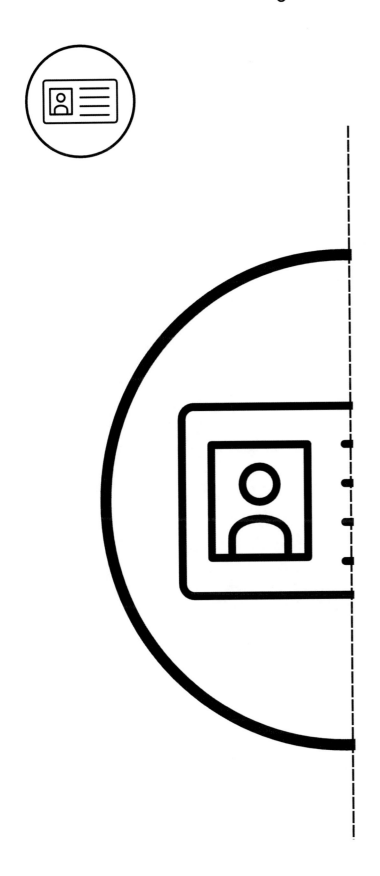

Drawing fun !

Draw the missing half to complete the picture.

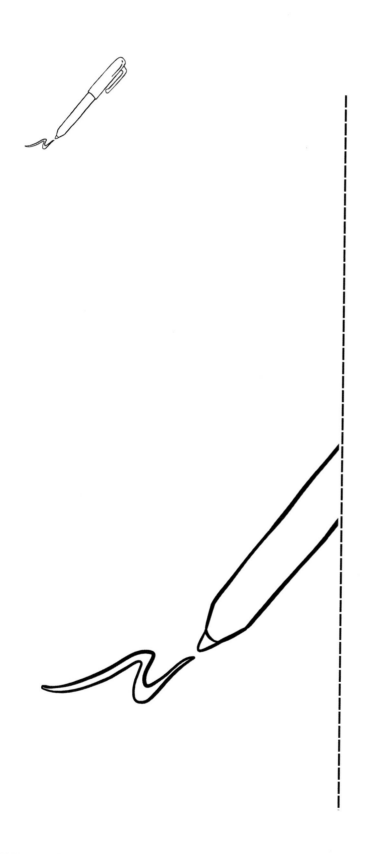

Drawing fun !

Draw the missing half to complete the picture.

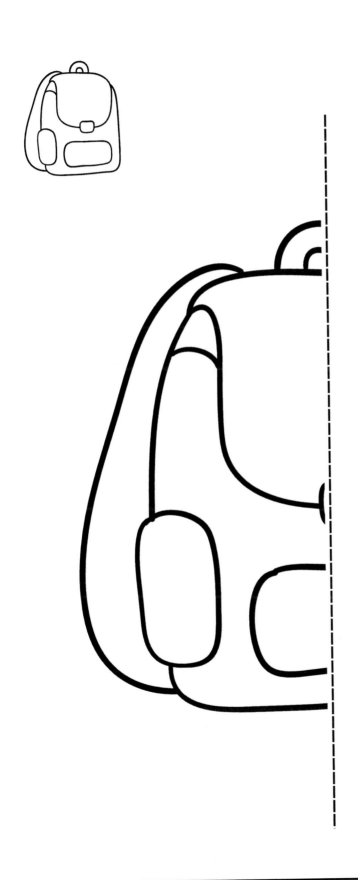

Drawing fun !

Draw the missing half to complete the picture.

Maze Fun !

Ziggy and Tray are excited to visit the library but have lost their way.

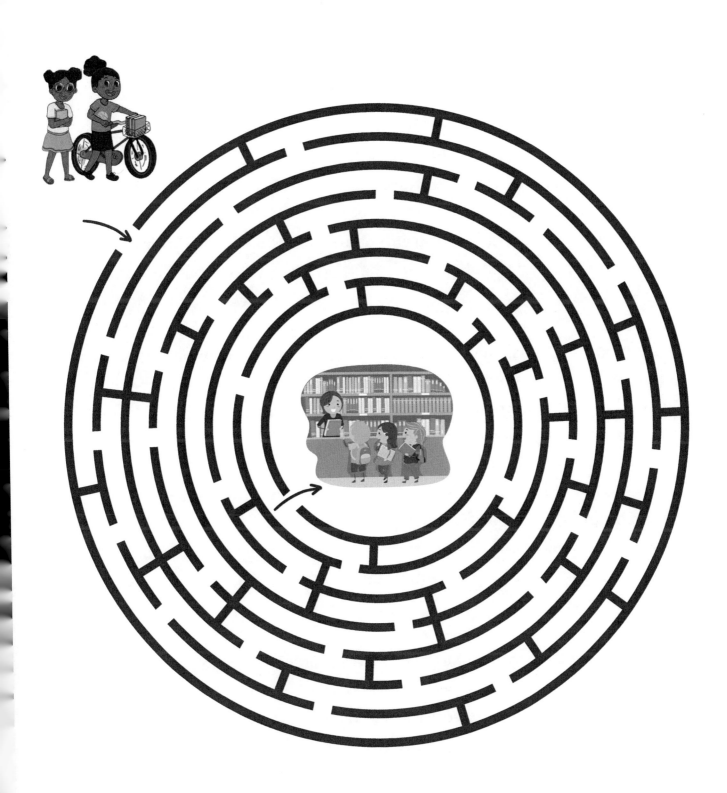

One sunny morning, Emma woke up with a sparkle in her eyes. It was Saturday, her favorite day of the week, not just because there was no school, but because Saturdays were always filled with unexpected adventures. "Emma, come down for breakfast!" her mom called. Emma hurried downstairs, wondering what the day would hold. After breakfast, her mom said, "Today, we're going to do something special."
"What is it?" Emma asked, her curiosity peaking.

"We're going on a garden quest," her mom announced, handing Emma a small, illustrated map. "We need to find the magical flowers that are said to bloom only once a year in our garden."

Emma was thrilled. A real-life treasure hunt! The map showed various spots in the garden, marked with X's where the magical flowers could potentially be found.

With a magnifying glass and the map in hand, Emma started her quest. The first spot was near the old oak tree. As she searched around the tree, she found a cluster of bright blue flowers, shimmering under the sunlight. "I found the Blue Bells of Happiness!" she exclaimed.

Next, the map led her to the garden pond, where she discovered the Golden Lilies of Laughter, their petals glowing like the sun.
After hours of exploration, with her basket filled with magical flowers, Emma returned to her mom, beaming with pride. "I found them all, Mom! The garden quest was amazing!"

"You did a wonderful job, Emma," her mom praised, hugging her. "You've brought magic into our home with these flowers."
From that day on, Emma looked forward to more adventures, knowing that magic could be found in her own backyard, as long as she had her curiosity and imagination.

Comprehension Worksheet

1. What was special about the day in the story?

A) It was Emma's birthday

B) It was Saturday

C) It was the first day of school

2. What did Emma's mom give her for the garden quest?

A) A pair of gloves

B) A magnifying glass and a map

C) A hat

3. What was Emma looking for in the garden?

A) Bugs

B) Magical flowers

C) Her lost toys

4. Where did Emma find the Blue Bells of Happiness?

A) Under the garden pond

B) Near the old oak tree

C) Inside the house

5. What did the Golden Lilies of Laughter look like?

A) They glowed like the moon

B) They were bright blue

C) Their petals glowed like the sun

6. How did Emma feel after completing the garden quest?

A) Sad

B) Proud

C) Tired

7. What lesson did Emma learn from her adventure?

A) That she should water the plants more often

B) That magic can be found in her own backyard

C) That she needs a bigger basket

Maze Fun !

Ziggy and Tray need to escape the library before closing time.

Maze Fun !

Ziggy and Tray are looking for their friends. Can you help them play together?

Maze Fun !

Ziggy and Tray are feeling hungry. Can you help them find healthy food?

Maze Fun !

Ziggy and Tray are on an adventure. Can you help them find their way to the pets?

Write a story about Ziggy and Tray's
adventure in the library.

Describe your favorite book and why
you love it.

Journal / Prompts

Write a letter to a friend inviting them to
visit the library with you.

Journal / Prompts

Write a journal entry about a memorable
library visit you've had.

Describe your dream place and what it would look like.

Word Search

Find the words provided in the word search.

```
F H Y L U C K Z J D L K G Y J O Y X L I
K G P B J D M Q U F S Y S Q G J I C R L
H G Z X O E K I T A A W J I W E Q O H T
L N O B G G Q D C G Q T H K R A K P U J J
H C Z R H D O K X J U I W Q D O U S T D
U D Y B M C D F V G R S K E Z C D I A I
F A S U Y N K L C U D P C P T X D R N X
K D L K B R V T E T A E E S L L L M N L
Q V X O U F W B E Y R R K V X L E I L
Y E F R J X A X B L O E E G V Z S Z H W
L N O C I C R U E E Z D A T C L D N O H
I T K B M V C M T B G E L E K K Y A C
B U W V T I J A J T W X F R C G H G P
R R I G P S H O R O F X N K A I Y H A K
A E N N K T U A U T Y U I C Z I E T Z E
R E Y V Y S W Q F J O L D V B V H C V
Y Z C S F M O K E V V Q J J Y M K U E B
D G G G B U B G X S U U N I O C M G H O
A T A Q F M Q B E V O Z D S O N X L M P
C E B U Q F C D A T F K Q N U L M Q U T
```

Word Bank

ADVENTURE	CEREAL	BEAUTIFUL
LIBRARY	CARTOONS	PUDDLES
SATURDAY	COUSIN	WHISPERED

Word Search

Find the words provided in the word search.

```
W V P U U F E X V H E P F N R J L J P M
D A S H E D F V H C S H N A Y R Y Y O H
W X U W Y N L Z O E F N G J W D T B M K
B M Z S N E C T K H I W P F F S C K O I
U N G O M K U T U G T G Y Z L N X J Y B
A D U M F M S K Q T N Z I M I D I F M J
U G L O G Z Z J U M P E D S L G G H P H
C G A V Y M O O N O H T A D C P G S O O
I D Z L N Y W K D T O W N K D R Q Y X Y
H O P E O P X Z R Y T A I V N O I E B A
M K Y L E M I I V C A S K E D M N L V G
Y S E J D A R T E D W T X S I I D L Z D
H L M P U O D S K Z P T U N U S I R F K
N S C P L V R W Y W T Q Q W O E D N Y W
T H O U G H T P X T A M U X U D I N P A
Q U V E R I E S W Z D Q C X X L W F W R
A T V J N I N E W B R P B Z F R E B Y A
C O J S G U G R K D K I F C R I E D G N
V F H C N T C B U C A P O K Q C W G T Y
L G H Z T Y D I F L K V V H D O T Z I S
```

Word Bank

JUMPED	ASKED	CRIED
DASHED	RAN	PROMISED
THOUGHT	DARTED	ZIGGY

Word Search

Find the words provided in the word search.

```
A X Q R I C I E Q W S W K B B U S D X G
N V Z J R J B Y V M L H M E N X U N S A
B C L T C E H C V E Z Q A O C Q R C D I
X Z N G E J R R L O G I R L S K P Z N B
R D K F O J L K B V W W X E D J R V F L
H K D J R P I D C S C W O W Y W P Z O A
D Z Z Y Y D R F T U P U D G G C M Q J J
L I X C N H Y S G N O G P N J R D U O F
S M A O N Z C A R S X Y I O I Z Y E C J
M A D V E N T U R E J X N T J G D R U K
G X X D X U B O P C N T D P Q U E I E K
W K L F M F V B A P N Z D Z U N B A L L
A G L H O T L F J O M H J H S Y W C T M
J N D K Y T D M Q R Q B K X C D Y A N T
A T G T G F D D E C P T H F Y O N V E Y
W L S D J P G P P H S S B H F Z U P X D
Y G S D C M O R N I N G M I L V F C K T
M T P X D G X M Y Z C N X J M E O H H E
F C W Y N W X E I L O D N O S K I C M C
F M H V I I W W R D R B L A F U U D W E
```

Word Bank

TRAY	EXCITED	LAUGHING
MIMI	MYSTERY	YELLED
MOMMY	SPORTS	SHOUTED

Word Search

Find the words provided in the word search.

```
E F X Q I K P K R O Y E R H H Z K Z E T
N J K E R J M K K O R Z A W U V C H Y D
J T S S T K G D Y G X P F U H U D W K F
O S B O O K S Z W Y G E X U S T C I G Q
Y J D B J J W P Y A P U R O L N L W A A
I M D U L F H L Z V L I G F Z K Z C Q C
N C M Y C A D A L A U G H E D Q Z S M Q
G K B Z F Y R C U Q V N L W W M S B V J
K I C O M N R E V Q H L I B R A R I A N
X O R M M O U S K C V J L D N H K Y E G
F C Z C V Y B E A U T I F U L K J T A F
R E E H W I Y H D H Y D D F V A Y J T
B Z V G T P S A N Q R G N F W A V D D Y
V A F R N Q H I H Q E A P Z D T A S H L
M A T I R E U C T K A W U V K N T Z Q W
B Z B U R A J G I Z D E O T S U L S E L
M C R T Y E U O J Q I V W X H F N M D K
N D M P H E A C K Z N W T K H L N G K K
C H K I V H L D O P G B I I C Z J O H H
A G D K R U U Y E M K Y Z H S I L I P
```

Word Bank

BOOKS	READY	LAUGHED
READING	PLACES	ENJOYING
LIBRARIAN	VISIT	BEAUTIFUL

Crossword Puzzle !

Fill in the missing words to solve the crossword puzzle.

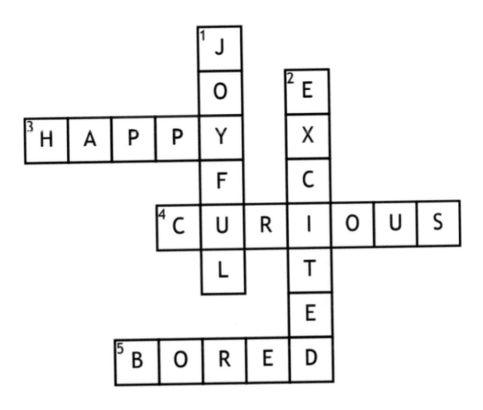

Across

3. Tray's emotion when reading books at home.

4. Ziggy's reaction upon entering the library.

5. Tray's feeling before going outside to play.

Down

1. Ziggy and Tray's mood when promised to visit the library every Saturday.

2. Ziggy and Tray's feeling about their adventure.

Answer Key

Crossword Puzzle !

Fill in the missing words to solve the crossword puzzle.

Across

4. Ziggy and Tray's activity outside with the ball.
5. Ziggy and Tray's action on the porch while deciding where to go.

Down

1. Tray's activity when going to her mom's room in the morning.
2. Tray's action on the bed to wake her mom up.
3. Ziggy and Tray's activity inside the library.

Crossword Puzzle !

Fill in the missing words to solve the crossword puzzle.

Across

2. Object Ziggy and Tray found themselves lost in at the library.

5. Device used to call Ziggy in the morning.

6. Mode of transportation to the library.

Down

1. Where Tray sat while watching cartoons.

3. Object Ziggy wanted to play with outside.

4. Where Tray jumped to wake her mom up.

Crossword Puzzle !

Fill in the missing words to solve the crossword puzzle.

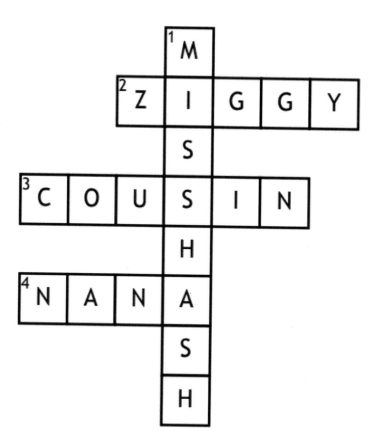

Across

2. Tray's cousin and best friend is.
3. Ziggy's relation to Tray.
4. Tray's nickname for her grandmother.

Down

1. Name of the Library's librarian.

Crossword Puzzle !

Fill in the missing words to solve the crossword puzzle.

Across

3. Tray's favorite place to sit and think.

4. Where Ziggy and Tray found themselves lost in books.

Down

1. Where Ziggy and Tray spent their Saturday morning.

2. Ziggy and Tray went to ask for an adventure with their...

Comprehension Worksheet

1. What was special about the day in the story?
A) It was Emma's birthday
(B) It was Saturday
C) It was the first day of school

2. What did Emma's mom give her for the garden quest?
A) A pair of gloves
(B) A magnifying glass and a map
C) A hat

3. What was Emma looking for in the garden?
A) Bugs
(B) Magical flowers
C) Her lost toys

4. Where did Emma find the Blue Bells of Happiness?
A) Under the garden pond
(B) Near the old oak tree
C) Inside the house

5. What did the Golden Lilies of Laughter look like?
A) They glowed like the moon
B) They were bright blue
(C) Their petals glowed like the sun

6. How did Emma feel after completing the garden quest?
A) Sad
(B) Proud
C) Tired

7. What lesson did Emma learn from her adventure?
A) That she should water the plants more often
(B) That magic can be found in her own backyard
C) That she needs a bigger basket

Made in the USA
Middletown, DE
30 August 2024

59924618R00027